Milet Publishing
Smallfields Cottage, Cox Green
Rudgwick, Horsham, West Sussex
RH12 3DE England
info@milet.com
www.milet.com
www.milet.co.uk

First English–Turkish edition published by Milet Publishing in 2013

Copyright © Milet Publishing, 2013

ISBN 978 1 84059 801 8

Original Turkish text written by Erdem Seçmen
Translated to English by Alvin Parmar and adapted by Milet

Illustrated by Chris Dittopoulos
Designed by Christangelos Seferiadis

Printed and bound in Turkey by Ertem Matbaası

My Bilingual Book

Sight
Görme

English–Turkish

How do we see colors on a butterfly's wings?

Nasıl görürüz kelebeğin kanatlarındaki renkleri?

Let's think about how we see things . . .

Şimdi bir düşün; nasıl görüyoruz her şeyi?

Our eyes show us everything, like faces,

Gözlerimiz gösterir bize; yüzümüzü,

colors, actions, places . . .

renkleri, hareketleri, yerleri . . .

Giraffe has a coat of brown spots on yellow.

Zürafanın sarı derisinde kahverengi benekleri var.

Watch him bend to say hello!

Bak, seni eğilerek selamlıyor!

Our eyes can show our feelings.

Gözlerimiz duygularımızı yansıtır.

We see Panda's eyes are smiling.

Pandanın gözleri onun gülümsediğini anlatır.

To see, we need more than our eyes.

Görmek için sadece gözlerimiz yetmez.

We need light at night to help us spy.

Işık olmazsa gözlerimiz karanlıkta göremez.

Owl can see in a different way.

Bir baykuş başka yolla görür çevreyi.

Even in the dark, he can spot his prey.

Karanlıkta bile yakalar avı olan şeyi.

Seeing through glasses? Now I'm perplexed!

Gözlüklerle görmek? Kafam biraz karıştı!

When our eyes need help, we give them specs!

Yardım isteyince gözlerimiz, onlara gözlük veririz.

Tears are not only for sad or happy,

Sadece üzüntüden ya da mutluluktan akmaz gözyaşları,

they help keep our eyes moist and healthy.

onlar, gözlerimizin sağlığının dostları.

Our eyelids spread our tears when we blink,

Göz kırptığımızda gözyaşları ıslatır gözlerimizi,

and we use them to sleep and to wink!

bir de uyumak için kapatırız göz kapaklarımızı.

We close our eyes when we're asleep in bed,

Uyumak için girince yatağa, kapatırız gözlerimizi.

but in our dreams, we may see orange, green, red . . .

Düşlerimizde görürüz sarıyı, yeşili, kırmızıyı ve diğer renkleri.